MUGGLE
WORTHY

PARCEL POST.
X LIST
POSTAGE
New York
London
FOR POSTAGE STAMP

LES ANIMAUX FANTASTIQUES

LE CARNET MAGIQUE
DE NORBERT DRAGONNEAU

J.K. ROWLING'S WIZARDING WORLD

GALLIMARD JEUNESSE

UNITED FRUIT C

PUBLIC BOOTH
TELEPHONES
INSIDE.
SEVEN
DAYS A
WEEK
3¢
CANDY · FILMS
CANDY
TOILET ARTICLES
PANAVISION

Dans le monde des sorciers de J.K. Rowling, Norbert Dragonneau est le plus grand expert en créatures magiques. Son manuel de magizoologie, *Les Animaux fantastiques*, est un classique dont la lecture est obligatoire dans les écoles de sorcellerie comme Poudlard. Le film raconte la vie de Norbert avant qu'il ne devienne un auteur célèbre. Le scénario de J.K. Rowling nous ramène en 1926, date à laquelle le jeune homme se rend pour la première fois à New York, à la recherche d'une créature magique rare. Dès son arrivée, Norbert et sa valise pleine d'animaux posent un défi de taille à la communauté des sorciers qui s'efforce de rester secrète. Transposer à l'écran les créatures de Norbert et le monde magique des années 1920 était un défi tout aussi grand pour le réalisateur et son équipe, depuis les costumiers jusqu'aux acteurs eux-mêmes.

À la manière d'un carnet de bord foisonnant de dessins préparatoires, de plans de plateau, mais également d'anecdotes liées au tournage, cet ouvrage dévoile les coulisses du monde de Norbert Dragonneau, de ses créatures et de ses amis, tels qu'ils ont été imaginés pour le film : vous saurez – presque – tout sur l'univers merveilleux des *Animaux fantastiques* !

Norbert Dragonneau

Avant d'être le plus célèbre magizoologiste du monde des sorciers, Norbert Dragonneau a été élève à Poudlard, dans la maison Poufsouffle. Il a certes été renvoyé mais, pour l'acteur Eddie Redmayne qui l'interprète, Norbert n'est pas un simple fauteur de troubles. Sa curiosité naturelle et son amour pour ses créatures en font un personnage à part. « J'aime son regard ébloui, confie Eddie, et la façon dont il accepte les choses telles qu'elles sont. »

Son métier de magizoologiste conduit Norbert à voyager souvent seul dans des lieux reculés. Eddie Redmayne en a tenu compte pour jouer le rôle, notamment dans la séquence où Norbert découvre New York : « Pour moi, encore aujourd'hui, New York est l'endroit le plus trépidant, merveilleux, bruyant et coloré qui soit. Quand Norbert arrive dans cette ville après un an de solitude, il est forcément fasciné par tout ce qui l'entoure. »

LA VALISE

Norbert transporte une valise magique remplie d'animaux, qu'il a recueillis au cours de ses voyages. Il consacre sa vie à s'en occuper et à les protéger. « Norbert voue une passion sans bornes aux créatures magiques. Il irait au bout du monde pour en trouver, et il est prêt à tout pour les garder sécurité. En un sens, il connaît ses bêtes mieux que lui-même. Et en tout cas, il les comprend mieux qu'il ne comprend les gens ! » confie Eddie Redmayne.

PARCEL POST.
New York
London

NOUVELLES AMITIÉS

PORPENTINE « TINA » GOLDSTEIN

Ancien Auror du MACUSA, Tina a été rétrogradée et est désormais employée au Bureau du permis de baguette magique avec sa sœur Queenie. Elle remarque Norbert à un meeting des Seconds de Salem devant la Steen National Bank et sent qu'il mijote quelque chose. Norbert et Tina ont des points communs, notamment leur passion pour leur travail et leur statut de marginaux, qui les rapprochent. « Tina sait qu'elle a un grand potentiel, mais elle ne parvient pas à l'exprimer et à en convaincre les gens, et Norbert est l'un des rares à croire en elle, relate l'actrice Katherine Waterston. Je pense que c'est là, en grande partie, ce que signifie tomber amoureux : sentir que quelqu'un reconnaît notre valeur, ce que nous avons à offrir. »

La carte d'employée du MACUSA de Tina Goldstein et son bracelet Admoniteur

Comme souvent dans l'œuvre de J.K. Rowling, l'histoire centrale des *Animaux fantastiques* repose sur une équipe de compagnons improbables, qui traversent de rudes et sombres épreuves et deviennent de fidèles amis.

Queenie Goldstein

Queenie, la sœur cadette de Tina, entre littéralement dans la tête de ceux qu'elle rencontre : elle lit dans les esprits. Elle est charmante, drôle, très empathique… et généreuse. Elle a tout de suite eu un coup de cœur pour Jacob. Alison Sudol a adoré jouer le rôle de Queenie. « Elle est drôle, joueuse et perspicace. Je la trouve très lucide sur elle-même, et en même temps pas du tout quand elle tombe amoureuse. Vivre toutes ses aventures l'exalte, alors que cela ferait peur à la plupart des gens. »

★ Faits fantastiques ★

La mode des garçonnes caractérise les années 1920, et la garde-robe de Queenie en donne un bel aperçu. La costumière s'est inspirée de ce mouvement et des tendances de l'époque afin de lui créer des vêtements dernier cri et qui reflètent sa personnalité insouciante.

JACOB KOWALSKI

Jacob travaille dans une conserverie mais rêve d'ouvrir une boulangerie polonaise. Il rencontre Norbert à la banque, où un malencontreux échange de valises a lieu. Cet ancien combattant de la Première Guerre mondiale, qui a vécu des choses terribles, se révèle un ami solide et loyal quand les événements tournent mal pour Norbert.

Jacob est un Non-Maj'. Il n'a pas de pouvoirs magiques mais il a d'autres talents. « Il adore cuisiner pour les autres, explique le comédien Dan Fogler. Sans faire appel à la magie, il a l'art de faire des pâtisseries irrésistibles. »

Comme de nombreux personnages, Jacob a un potentiel que les autres ne voient pas. Sa gentillesse naturelle plaît à Queenie. « Ce garçon est digne d'être aimé, poursuit Dan. Il aime faire plaisir. »

Gâteau de Jacob en forme de créature

5
IMPERIAL
RESTAURANT
BEER IN TOWN
LIQUORS
UNITED CIGAR STORES CO.

NEW YORK

NEW YORK EN 1926

Pour le film, il a fallu recréer le New York des années 1920, une ville bruyante, trépidante… et recélant un monde secret plein de sorcières et de sorciers. Afin que ce dernier paraisse naturel à l'écran, il devait s'intégrer de façon harmonieuse à tout ce qui faisait l'atmosphère de la ville à cette époque. L'équipe du film s'est donc plongée dans les archives historiques des Non-Maj' : tout, depuis les vêtements jusqu'aux bâtiments en passant par les objets quotidiens, a été listé, puis réinterprété pour le monde des sorciers.

Faits fantastiques

Qu'est-ce qu'un Non-Maj' ? Cette expression familière désigne les personnes dépourvues de pouvoirs magiques. C'est la version américaine du terme « Moldu ».

Les bars clandestins

La scène musicale vibre aussi d'une nouvelle énergie. Les années 1920 sont surnommées « l'âge d'or du jazz » : les célèbres cabarets new-yorkais résonnent d'accords entraînants, rythmés et dansants. Avec la Prohibition, qui interdit l'alcool, des bars clandestins apparaissent. Les décorateurs du film s'en sont inspirés pour créer Le Cochon Aveugle, bar magique où Norbert se rend.

⋆ Faits fantastiques ⋆

Ron Perlman, qui joue le rôle du propriétaire du Cochon Aveugle, le gobelin Gnarlak, est bien plus grand que son personnage. Pour créer l'illusion que celui-ci est petit, l'équipe a eu recours au trucage par différence d'échelles. Un décor surdimensionné du Cochon Aveugle a été construit, avec des tables et des chaises aux pieds exagérément hauts. Les acteurs autres que Ron jouaient sur des estrades de bois, donnant l'illusion qu'il mesurait à peine un mètre vingt par rapport à eux. Les séquences en prises de vues réelles ont ensuite été traitées par ordinateur pour y intégrer le Gnarlak en images de synthèse.

Les Années folles

Au milieu des années 1920, le monde se remet peu à peu de la Première Guerre mondiale. New York, qui compte six millions d'habitants, est alors une ville prospère et dynamique. La nouvelle décennie paraît pleine de promesses. L'électricité, de plus en plus accessible, popularise des inventions exaltantes : l'éclairage électrique, le téléphone, la radio, le cinéma. Les automobiles sillonnent les rues nouvellement pavées. Les avions traversent les océans. Tout semble nouveau, tout semble possible.

Faits fantastiques

Le film se déroule à New York, mais le tournage a eu lieu principalement en Angleterre, où des décors avec les gratte-ciel et les rues de la ville ont été créés en studio.

Une vue de l'immeuble du MACUSA, ou Congrès Magique des États-Unis d'Amérique

Le style Art déco

De nombreux bâtiments de New York ont été construits dans le style Art déco, caractéristique des années 1920. Pour les recherches d'ambiance, l'équipe du film a étudié des lieux comme le Chrysler Building, le Rockefeller Center et l'intérieur du Radio City Music Hall. Cette influence est bien visible dans les décors du film, notamment dans le hall du Congrès Magique des États-Unis d'Amérique, ou MACUSA, version nord-américaine du ministère britannique de la Magie. Norbert y est emmené pour la première fois par Tina Goldstein. Cette sorcière américaine tente d'empêcher que les créatures en fuite de Norbert dévoilent l'existence de la communauté des sorciers. Le siège du MACUSA est situé dans le Woolworth Building, un gratte-ciel qui existe toujours à Broadway au numéro 233. En 1926, il était le plus haut du monde.

Troubles dans la ville

Les procès des sorcières de Salem, à la fin du XVIIe siècle, ont marqué douloureusement l'histoire de la sorcellerie aux États-Unis. Un mémorial en souvenir de ceux qui y perdirent la vie a été érigé dans le hall du MACUSA. Les décorateurs sont partis de sculptures en argile pour réaliser les cinq statues couleur bronze qui représentent trois femmes, un homme et un enfant dans une scène triste et émouvante. Dans *Les Animaux fantastiques,* Norbert apprend peu après son arrivée qu'une nouvelle chasse aux sorcières a lieu à New York. Elle serait de même envergure que celle qui conduisit aux procès de Salem.

Le hall du MACUSA, avec les phénix en or de 12 mètres de haut et, en dessous, le mémorial de Salem

Le pendentif des Reliques de la Mort que Graves donne à Credence.

PERCIVAL GRAVES

Percival Graves est le directeur de la Sécurité magique du MACUSA. Graves croit connaître l'origine des phénomènes étranges qui perturbent la ville, et recrute Credence Bellebosse pour l'aider à remonter à leur source. Graves est un Auror puissant, qui cache un sombre secret. « Il est très fort, et respecté, explique l'acteur Colin Farrell. Mais ses idéaux politiques sont très... singuliers. Alors il les tient cachés. »
Parmi les décors construits pour le service de Graves au MACUSA figurent la lugubre Salle d'interrogatoire et la Cellule de la Mort avec sa sinistre chaise à exécution.

LA FONDATION PHILANTHROPIQUE DU NOUVEAU SALEM

Par hasard, Norbert tombe sur un meeting de la Fondation Philanthropique du Nouveau Salem (FPNS), un groupe antimagie qui veut lancer une nouvelle chasse aux sorcières. Les graphistes ont réalisé les tracts menaçants de la FPNS qui figurent dans la séquence en question.

CREDENCE BELLEBOSSE

En grandissant dans le foyer aux règles sévères et abusives de Mary Lou Bellebosse, Credence a réprimé ses facultés, non sans des conséquences désastreuses. L'acteur Ezra Miller a bien compris la lutte intérieure de son personnage : « Il y a toujours des causes et des effets. Toute personne ayant subi un traumatisme doit un jour décider d'en faire un mal pour un bien… ou non. C'est un sujet très fort. »

MARY LOU BELLEBOSSE

Mary Lou est à la tête de la FPNS. Samantha Morton interprète ce personnage austère, qui vit dans une église désaffectée avec ses trois enfants adoptifs, Credence, Modesty et Chastity. Les costumes sombres qu'elle porte témoignent de son côté puritain et contrastent fortement avec ceux, généralement recherchés et colorés, du monde des sorciers.

Une vie à l'étroit

Pour la demeure des Bellebosse, qui sert de quartier général à la FPNS, les décorateurs ont opté pour un dépouillement monacal. Les accessoires, comme les poupées effrayantes et le livre *Alphabet du Péché de A à Z* qui se trouvent dans la chambre de Modesty, font écho au puritanisme particulièrement rigide de la Fondation.

Dessin préparatoire pour l'église de la FPNS, et une photo de Chastity dans l'église

Autres lieux

L'Autorité portuaire

Le film commence par l'arrivée de Norbert à la douane de l'Autorité portuaire. Avant de faire un décor, l'équipe fait des recherches d'ambiance avec des dessins préparatoires. Ci-contre, on voit comment a été imaginé le bureau de la douane où Norbert présente son passeport et donne sa valise pour inspection… après l'avoir réglée en « version moldue », cela va de soi !

La Steen National Bank

C'est à la Steen National Bank qu'a lieu la première rencontre entre Norbert Dragonneau et Jacob Kowalski, joué par Dan Fogler. Jacob est un Non-Maj', qui découvre avec stupéfaction le monde des sorciers lorsque le Niffleur, créature malicieuse de Norbert, sème le chaos dans la banque pour voler tout ce qui brille. « Jacob n'a pas encore l'habitude, raconte Dan en riant. Il est totalement dépassé par les événements ! »

La bijouterie H. Teucher

Norbert et Jacob poursuivent le Niffleur jusqu'à une bijouterie qui scintille.

MAGIE ET VIE URBAINE

Pour rendre le monde de Norbert vraiment crédible et raconter le quotidien des sorciers dans les années 1920, les graphistes ont conçu et imprimé des journaux et des affiches.

Le spectre de la Grande Guerre plane sur Les Animaux fantastiques, comme c'était vraiment le cas à l'époque. Dans le film, on apprend que Jacob et Norbert sont tous deux d'anciens combattants.

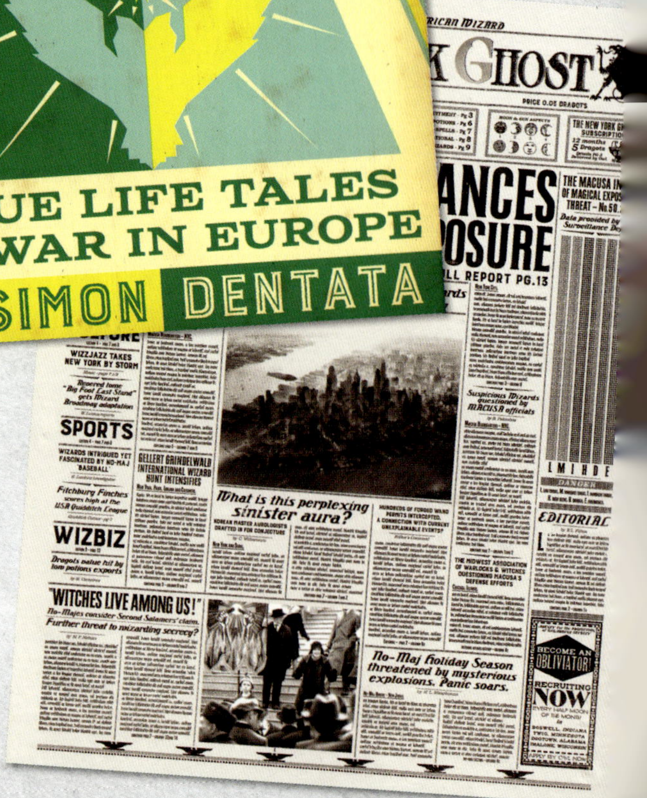

Que lisent les sorcières et les sorciers ?

Pour connaître les centres d'intérêt d'une population, rien de tel que de feuilleter ses journaux et magazines. Cela vaut également pour les sorcières et les sorciers. Quels sont les résultats de la Coupe du Monde de Quidditch ? les nouvelles locales ? la dernière mode en matière d'enchantement ? Rencontrez-vous « un problème de contact avec votre balai » ? Pour *Les Animaux fantastiques*, les dessinateurs et graphistes ont imaginé des publications pour tous les goûts, dont les exemples ci-contre.

Les baguettes

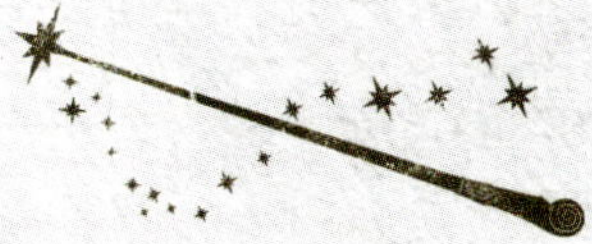

Les baguettes magiques sont des accessoires cruciaux dans les films de sorciers. Les fabriquer requiert un certain art, car chacune doit paraître unique et en harmonie avec son propriétaire. Voici les baguettes des principaux personnages des *Animaux fantastiques*.

La baguette de Norbert Dragonneau

La baguette de Tina Goldstein

La baguette de Queenie Goldstein

La baguette de Percival Graves

La baguette de Séraphine Picquery

La fausse baguette de Modesty Bellebosse

Les créatures

CRÉER DES ANIMAUX FANTASTIQUES

Parmi les grands moments des *Animaux fantastiques* figurent les séquences où Norbert interagit avec ses créatures. Sa passion pour elles est au cœur de l'histoire… qu'elles soient grandes ou petites, timides ou agressives, joueuses ou dangereuses, voire les deux. L'équipe du film a dû s'atteler à leur donner vie à l'écran, avec un défi de taille : le spectateur devait y croire !

Le monde réel a été en cela une précieuse source d'inspiration. Pour Christian Manz, responsable des effets spéciaux : « La nature est fabuleuse ! » En effet, après avoir consulté des séries de photographies des habitats naturels, l'équipe a réalisé combien les animaux de notre planète pouvaient être aussi surprenants que des créatures fantastiques. « La réalité dépasse parfois la fiction, explique le producteur David Heyman. Pour le film, nous avons essayé d'enraciner nos créatures dans le règne animal en leur donnant des origines plausibles. »

★ Faits fantastiques

Les créatures des *Animaux fantastiques* sont des images de synthèse intégrées aux prises de vues réelles, aussi les acteurs devaient-ils jouer avec des animaux inexistants. Dans certains cas, l'équipe a créé des marionnettes pour simuler leur taille et leurs mouvements. Par exemple, une imposante marionnette d'Éruptif a été fabriquée pour aider Eddie et Da à visualiser l'énorme bête semblable à un rhinocéros lâché dans Central Park !

Catégories de créatures

Tout comme les animaux ordinaires, es créatures fantastiques du monde les sorciers ont été classifiées. Sur ce tableau établi pour le film, a classification va de « connu pour être un tueur de orcier » à « animal nnuyeux ».

Ce tableau, créé pour le film, correspond au programme de nourrissage des bêtes de Norbert.

LE BESTIAIRE

NIFFLEUR

CLASSIFICATION : XXX

Le Niffleur de Norbert est une des stars du film. Cette créature délicate d'un naturel affectueux adore les objets brillants et ferait tout pour les obtenir. Les Niffleurs ressemblent aux taupes. Sur les premiers dessins préparatoires, leur museau avait la forme d'un bec d'ornithorynque.

Il y a beaucoup de créatures magiques dans *Les Animaux fantastiques*. Elles ont toutes été animées en images de synthèse, ce qui a nécessité au départ un long travail de recherche graphique. Sur les dessins préparatoires ici présentés, on peut voir ce qui relève du monde naturel et ce qui a été imaginé.

Demiguise

CLASSIFICATION : XXXX

Dougal la Demiguise est une créature d'Extrême-Orient, proche du singe. Douée de précognition, elle est capable de voir les choses avant qu'elles n'arrivent. Les Demiguises peuvent aussi se rendre invisibles.

ÉRUPTIF

CLASSIFICATION : XXXX

Cette énorme bête parcourt au galop les plaines d'Afrique. Elle ressemble à un rhinocéros, mais avec une différence : la corne longue et pointue de l'Éruptif est pleine d'un liquide explosif mortel. Cela lui permet de traverser n'importe quel obstacle, même en pierre ou en métal.

Démonzémerveille

CLASSIFICATION : INCONNUE

Le Démonzémerveille est une grande créature ailée, avec des pointes vert vif sur le dos, et le ventre d'un bleu lumineux.

Focifère

CLASSIFICATION : XXX

Ce petit oiseau africain rappelle la chouette. Son plumage est rose vif, avec des touches de bleu et de vert.

MURLAP

CLASSIFICATION : XXX

Le Murlap est une sorte de petit rat, avec sur le dos une excroissance qui évoque une anémone de mer. Sa morsure peut être très douloureuse, comme Jacob l'apprend à ses dépens dans le film. Dan confie : « C'est un rat sans poils, avec des tentacules. Affreux... Et il me mord ! »

VEAUDELUNE

CLASSIFICATION : XX

Cet animal très farouche est bien nommé : il n'émerge de son terrier qu'à la pleine lune. Dans le film, Jacob distribue des granulés au troupeau de Norbert.

Botruc

CLASSIFICATION : XX

Ces sortes de lutins gardiens des bois vivent en Europe, dans des arbres qui sont utilisés pour la fabrication des baguettes magiques. Dans le film, Norbert porte un Botruc nommé Pickett dans son manteau. Il en abrite trois autres dans son refuge : Titus, Finn et Jeremy.

Oiseau-tonnerre

CLASSIFICATION : INCONNUE

Ce grand oiseau magique, natif d'Amérique du Nord, peut provoquer des orages. Dans le film, Norbert est venu aux États-Unis pour relâcher le sien, nommé Frank, dans son environnement naturel.

BILLYWIG

CLASSIFICATION : XXX

Cet insecte australien très rapide est bleu saphir. Sa piqûre provoque tournis et lévitation. Norbert a une boîte de dards de Billywigs dans le cabanon de sa valise.

Dirico

CLASSIFICATION : XX

Cet oiseau au corps replet et aux plumes bouffantes est incapable de voler. Sa faculté à se téléporter a conduit les Moldus et les Non-Maj' – qui l'appellent « dodo » – à croire que l'espèce est éteinte.

DOXY

CLASSIFICATION : XXX

Petite créature magique aux dents pointues, le Doxy a des ailes de scarabée.

LA VALISE DE NORBERT

À créatures extraordinaires, hébergement exceptionnel. Norbert garde ses bêtes dans sa valise magique, laquelle offre à chaque créature non seulement toute la place dont elle a besoin, mais également son habitat d'origine.
La valise de Norbert est l'accessoire le plus important du film : l'histoire s'enclenche quand elle est échangée par erreur avec celle de Jacob.
Le bagage de Norbert semble normal à tout Non-Maj', mais les apparences sont trompeuses. En plus des habitats des créatures, elle contient un cabanon rempli d'objets, de fioles et de souvenirs ; surtout, les personnages du film peuvent y pénétrer. Pour donner l'illusion que les acteurs entrent dans la valise, une version sans fond de celle-ci a été posée sur une trappe créée dans le plateau de tournage, qui avait été surélevé de plusieurs dizaines de centimètres. Ainsi, Norbert et Jacob ont l'air de disparaître à l'intérieur.

Une boîte de dards de Billywigs

Médicaments et potions stockés dans le refuge de Norbert

Norbert a parcouru le onde entier en ête de créatures magiques.

Le cabanon de Norbert

Descendus dans la valise, Norbert et Jacob se retrouvent dans un cabanon, dont le décor évoque l'espace de travail d'un zoologiste de l'époque. C'est le refuge de Norbert. L'équipe l'a rempli d'objets en rapport avec ses intérêts, ses créatures et ses explorations. Les murs sont couverts de cartes, photos et dessins, et des notes de soins aux créatures que Norbert a rédigées.

Les habitats magiques de Norbert

Autour du cabanon se trouve le territoire des créatures de Norbert, un parc safari grand comme un hangar d'avion. L'équipe a dû imaginer l'habitat de chaque créature, non sans répondre à quelques questions primordiales : Que devra lui apporter son environnement ? À quoi ressemblera-il ? S'agira-t-il d'un endroit froid ou chaud ? tropical ou désertique ? Concernant le Niffleur, ils ont pensé que ce « collectionneur » aurait besoin d'un terrier pour cacher son butin. Dans le film, le Niffleur de Norbert dispose d'un petit pré et d'un arbre : un espace relativement simple, où il peut remuer le sol pour y enfouir ses brillantes trouvailles !

Premier plan de plateau pour les habitats des créatures, avec une ébauche des déplacements de Norbert et Jacob

Habitat du Niffleur

Habitat du Botruc

Habitat de l'Oiseau-tonnerre

ET ENSUITE ?

« *Les Animaux fantastiques* est une histoire fabuleuse, un véritable régal. Tout y est. Mais elle met aussi en appétit, n'est-ce pas ? »

DAVID YATES, RÉALISATEUR

Quand Norbert Dragonneau arrive à New York, c'est un marginal, un Anglais plongé dans la vie new-yorkaise des années 1920, un amateur de bêtes magiques dangereuses, belles et exotiques. « Il est marginal également car c'est un solitaire, sans réelle relation avec les humains », explique David Yates, le réalisateur. À la fin du film, Norbert aura changé. Ses compagnons d'aventure avec lesquels il a découvert certains secrets du monde des sorciers sont devenus des amis qui partagent sa passion et sa tendresse pour les créatures magiques. Mais devra-t-il les quitter pour une autre destination ?

Le réalisateur David Yates avec Eddie Redmayne

Conçu par

INSIGHT EDITIONS
PO Box 3088
San Rafael, CA 94912, États-Unis
www.insighteditions.com

POUR L'ÉDITION ORIGINALE
Direction éditoriale : Raoul Goff, Michael Madden
Édition : Vanessa Lopez
Direction artistique : Chrissy Kwasnik
Conception : Jenelle Wagner
Coordination éditoriale : Greg Solano
Direction de la fabrication : Rachel Anderson
Responsables de la fabrication : Thomas Chung, Alix Nicholaeff et Lina sp Temena
Coordination de la fabrication : Leeana Diaz

ROOTS of PEACE REPLANTED PAPER
Pour chaque arbre utilisé dans la fabrication de cet ouvrage, Insight Editions, en partenariat avec Roots of Peace, en replantera deux. Roots of Peace est une association humanitaire de renommée internationale : elle se consacre à l'éradication des mines et reconvertit des zones dévastées par la guerre en fermes ou en habitats pour la faune sauvage. En plus de planter deux millions d'arbres fruitiers et d'arbres à noix en Afghanistan, Roots of Peace fournira aux fermiers locaux les compétences et le soutien nécessaires à l'exploitation durable de leurs terres.

Réalisation de l'édition française : Agence Juliette Blanchot, Paris
Traduction : Céline Grimault
Suivi de traduction : Sylvie Gauthier
Mise en page : Béatrice Leroy
Adaptation de couverture : Thierry Sestier

ISBN : 978-2-07-507631-9
Gallimard Jeunesse, 2016
Dépôt légal : novembre 2016
Numéro d'édition : 307639
Loi n° 49-956 du 16 juillet 1949 sur les publications destinées à la jeunesse
Imprimé en Chine

20166319RO